# Ochse

# Chinesisches Horoskop 2024

## Angeline Rubí und Alina A. Rubí

# Einführung

Der chinesische Kalender ist uralt und komplex und wurde nie vereinfacht. Viele Kulturen haben den Mondkalender durch den Sonnenkalender ersetzt.

Der chinesische, islamische und hebräische Kalender richten sich nach den Mondphasen. Es ist ein kompliziertes System, da sie nicht nur von Mondzyklen bestimmt werden, sondern auch den Sonnenzyklus, den Jupiter- und den Saturnzyklus einbeziehen.

Die Chinesen sind der Ansicht, dass die universelle Energie durch ein Gleichgewicht bestimmt wird. Das Konzept von Yin und Yang ist der wichtigste Bestandteil dieses

Gleichgewichts. Yin ist das Gegenteil von Yang und umgekehrt, aber zusammen ergeben sie ein völliges Gleichgewicht. Diese Energie findet sich in allem, was existiert, im Greifbaren und im Ungreifbaren.

Das Ying/Yang-Symbol ist in zwei Hälften geteilt, eine ist schwarz (Yin) und die andere weiß (Yang). Beide Teile sind in der Mitte durch eine Ellipse verbunden, die sie zu einer Kurve zusammenfügt. Ihre Farben, schwarz und weiß, bedeuten, dass es eine Dualität gibt und dass die Existenz des einen die Existenz des anderen unbestreitbar voraussetzt. Im Inneren des Yin befindet sich ein Yang-Kreis, der symbolisiert, dass Dunkelheit immer Licht erfordert. Innerhalb des Yang finden wir einen Yin-Kreis, der anzeigt, dass wir innerhalb des Lichts immer Dunkelheit finden werden.

Die Ellipse, die sie miteinander verbindet, bedeutet, dass alles fließt, sich wandelt und entwickelt. Wenn eine dieser beiden Energien, Yin oder Yang, im Ungleichgewicht ist, ist unser Leben nicht ausgewogen, denn gemeinsam stärken sie sich gegenseitig. Wir sollten nie denken, dass eine Energie der anderen überlegen ist, beide müssen gleichermaßen zusammenwirken.

Leider gibt es in unserer Gesellschaft die Tendenz, die Yang-Energie zu bevorzugen, weil wir glauben, dass ihre Eigenschaften die wichtigsten sind.

Dadurch schaffen wir eine Trennung zwischen der spirituellen und der materiellen Ebene, denn indem wir den Wert der Yin-Energie herabsetzen, sind wir weniger nachdenklich und denken, dass Empfänglichkeit etwas Negatives ist, da sie Zerbrechlichkeit impliziert.

Das Gleiche geschieht mit der Dunkelheit, wir meiden sie nicht nur, sondern haben Angst vor ihr. Beide Energien sind wichtig.

Wir können nur dann spirituelle Wesen sein, wenn es ein Gleichgewicht zwischen Yin und Yang gibt, denn du bist nicht nur hell, sondern auch dunkel. Es ist ein Fehler, das Starke oder die Aktion zu schätzen und zu privilegieren. Wir müssen das Weibliche und die Sensibilität schätzen und wertschätzen, denn nur so können wir das wahre Gleichgewicht unseres Wesens erreichen, aus einer Position der Liebe und der Festigkeit.

In den Zeichen des chinesischen Tierkreises sind die Yin- und Yang-Energie vorhanden, und sie sind es, die die Eigenschaften jedes Tieres und die mit ihnen verbundenen Elemente bestimmen.

Die Yin-Energie ist mit dem Dunklen, Kalten, Weiblichen, Abstrakten, der Tiefe und dem Mond verbunden. Yin-Zeichen sind nachdenklich, sensibel und neugierig. Sie sind der Ochse, der Hase, die Schlange, die Ziege, der Hahn und das Schwein.

Die Yang-Energie steht in Verbindung mit Licht, Wärme, Oberflächlichkeit, der Sonne und logischem Denken.

 Sie sind impulsive, materialistische Zeichen. Sie sind Ratte, Tiger, Drache, Pferd, Affe und Hund.

Die Yin- und Yang-Energien sind mit den Elementen verbunden, die sich wiederum aus den Jahren ableiten, in denen sie auftreten. Jedes Element verfügt über Yin- und Yang-Energie.

- Die Jahre, die auf die Zahl **0** enden, haben das Element Metall und sind mit der Yang-Energie verbunden.
- Die Jahre, die mit der Zahl **1** enden, haben das Element Metall und sind mit der Yin-Energie verbunden.
- Jahre, die auf die Zahl **2** enden, haben das Element Wasser und sind mit der Yang-Energie verbunden.

- Jahre, die auf die Zahl **3**enden, haben das Element Wasser und sind mit der Yin-Energie verbunden.
- Die Jahre, die mit der Zahl **4** enden, haben das Element Holz und sind mit der Yang-Energie verbunden.
- Jahre, die auf die Zahl **5** enden, haben das Element Holz und sind mit der Yin-Energie verbunden.
- Die Jahre, die mit der Zahl **6** enden, haben das Element Feuer und sind mit der Yang-Energie verbunden.
- Jahre, die mit der Zahl **7** enden, haben das Element Feuer und sind mit der Yin-Energie verbunden.
- Die Jahre, die mit der Zahl 8 enden, haben das Element Erde und sind mit der Yang-Energie verbunden.
- Die Jahre, die mit der Zahl **9** enden, haben das Element Erde und sind mit der Yin-Energie verbunden.

## Allgemeine Vorhersagen für das Jahr des Drachen

Am 10. Februar 2024 beginnt das sensationelle Jahr des grünen Holzdrachen, und laut chinesischer Astrologie symbolisiert Grün Leben, Veränderung und Wachstum.

Der zugehörige Planet ist Jupiter, ein Planet, der nützlich ist; wir werden die Früchte ernten, die wir im Jahr 2023 gesät haben.

Das Jahr des Drachen 2024 wird uns Glück, Wohlstand, Wohlergehen und Fortschritt bringen. Wir werden viele Möglichkeiten für

Wachstum und Transformation haben, aber auch Herausforderungen und Komplikationen, die die Notwendigkeit von Vergebung, Einfühlungsvermögen und friedlichen Entscheidungen betonen.

In den Jahren, in denen das Element Holz ist, belohnt das Leben Menschen, die gesellig und professionell sind. Die Erlangung eines Abschlusses oder Reisen sind einige der Möglichkeiten in diesem Jahr.

Wir werden auch die Gelegenheit haben, unsere Führungsqualitäten zu entwickeln. Dies ist ein Jahr für Neuanfänge und für die Schaffung von Strukturen, die langfristig Bestand haben werden. Dieses Jahr des Drachen ist günstig für Veränderung und Wachstum, denn die Energie des hölzernen Drachens besitzt die Fähigkeit, innovative Ideen zu inspirieren und unsere Vorstellungskraft zu beflügeln.

Wir werden einige Phasen durchleben, die voller Schwierigkeiten sein werden, aber das sind die Momente, in denen wir die Energie des Drachens nutzen müssen, um erfolgreich zu sein und die Herausforderungen zu überwinden. Vergessen Sie im Laufe des Jahres nicht, dass der Drache Veränderung und Anpassungsfähigkeit verkörpert, Eigenschaften, die uns helfen werden, zu wachsen und uns zu erneuern.

Das Jahr 2024 wird ein arbeitsreiches Jahr mit vielen Entwicklungsmöglichkeiten sein. Wir werden viele politische, wirtschaftliche, Beziehungs- und Umweltkonflikte erleben, die deutlich machen, dass friedliche Lösungen die Antwort auf jedes Problem sind.

Dieses Jahr wird uns anregen, neue Geschäfte zu machen und uns in der unternehmerischen Welt weiterzuentwickeln, denn die Energie des

Drachen und seine Eigenschaften, mutig und ehrgeizig zu sein, werden uns inspirieren.

 Wir werden viele Anpassungsfähigkeiten entwickeln, und Geduld und Ausdauer werden es uns ermöglichen, alle Widrigkeiten zu überwinden und dem Triumph entgegenzugehen. Dies ist auch ein günstiges Jahr, um an unserem geistigen Wachstum zu arbeiten, und es ist besonders wichtig, dass wir unsere Ziele im Auge behalten.

Zusammenfassend lässt sich sagen, dass es ein Jahr mit positiven Veränderungen und bedeutenden Fortschritten in unserem Leben sein wird, in dem wir die Möglichkeit haben werden, Liebe zu finden, eine Beziehung zu stärken und wirtschaftlichen und geistigen Wohlstand zu haben.

# Ursprung des chinesischen Horoskops

Das chinesische Horoskop hat eine mehr als 5000 Jahre alte Tradition und basiert auf dem Mondjahr.

Der Legende nach rief Buddha alle Tiere, doch nur zwölf folgten seiner Aufforderung in folgender Reihenfolge: die Ratte, der Ochse, der Tiger, das Kaninchen, der Drache, die Schlange, das Pferd, die Ziege, der Affe, der Hahn, der Hund und das Schwein.

Jedes Tier erhielt ein Jahr geschenkt und bildet den Zwölfjahreszyklus, der in der chinesischen Astrologie verwendet wird. Daher hat jedes Zeichen den Namen eines Tieres, und jedem Tier entspricht ein Jahr.

Jedem Tier wurde außerdem eines der fünf Elemente zugeordnet, die den planetarischen Energien entsprechen:

- Wasser (Planet Mercury)
- Metall (Planet Venus)
- Feuer (Planet Mars)
- Holz (Planet Jupiter)
- Erde (Planet Saturn)

Das chinesische Horoskop drückt die Analogie der kosmischen Energien bei jedem Menschen aus. Aus diesem Grund wird die Energie jedes Menschen durch eines der zwölf Tiere repräsentiert, die dieses Tierkreiszeichen-System bilden.

Jedes Tier und die Energie, die Ihnen entspricht, werden durch Ihr Geburtsdatum bestimmt. Diese Energien bestimmen dein Verhalten und wie du die Welt wahrnimmst. Für die Chinesen symbolisieren diese Zeichen die bemerkenswertesten Eigenheiten unseres Charakters. Um die Bedeutung der Tiere richtig zu verstehen, müssen wir sie als spirituelle Symbole sehen.

Das chinesische Horoskop basiert nicht auf dem Sonnenzyklus, auf dem das westliche Horoskop basiert. Es basiert auf den Zyklen des Mondes. Jedes Mondjahr hat zwölf neue Monde und alle zwölf Jahre einen dreizehnten, daher fällt ein neues Jahr nie mit dem Datum des Vorjahres zusammen.

Die zwölf Tiere des chinesischen Horoskops beeinflussen das Leben, das Glück und den Willen eines jeden Menschen. Diese Qualitäten zeigen sich nicht offen im täglichen Leben, aber sie sind immer präsent

und wirken in Form von verborgenen
Kräften.

Die chinesische Zwölfjahresperiode ist
mit dem Transit des Planeten Jupiter
verbunden, und jedes chinesische Mondjahr
entspricht in der westlichen Astrologie der
Dauer des Transits von Jupiter durch ein
Tierkreiszeichen. Jupiter befindet sich in der
westlichen Astrologie immer in dem
Zeichen, das traditionell dem Tier im
chinesischen Horoskop entspricht.

# Chinesisches Element des Jahres 2024.
## Holz

Das Element des Jahres 2024 ist Holz. Holz ist ein kreatives Element. Wenn dieses Element aufgrund deines Geburtsjahres auf dich zutrifft, solltest du diese Energien kreativ kanalisieren. Holz symbolisiert Mitgefühl und Toleranz. Wenn Sie diese Energien nutzen wollen, ist es wichtig, dass Sie sich das ganze Jahr über mit natürlichen Pflanzen, Blumen und grünen Gegenständen umgeben. Holz ist ein Element, das mit der Fähigkeit zu projizieren und Entscheidungen zu treffen zusammenhängt, daher wird das Jahr 2024 ein Jahr der Entwicklung, Evolution und Blüte sein.

Dieses Element steht in Verbindung mit Verdauung, Atmung, Herz und Stoffwechsel und sorgt in der traditionellen chinesischen Medizin für einen kontinuierlichen Energiefluss. In Bezug auf Gefühle bedeutet dies, dass wir unsere Emotionen richtig ausdrücken. Holz wird uns im Jahr 2024 helfen, die objektive Realität zu erkennen und zu verstehen. Es wird uns Festigkeit und Einfühlungsvermögen in unseren Beziehungen bringen. Da Holz mit unserer Persönlichkeit zusammenhängt, wird es uns die richtige Dosis an Enthusiasmus, Entschlossenheit und Dynamik bringen, damit wir handlungsfähig sind und uns allen Herausforderungen dieses Jahres stellen können. Holz ist das Element, das wir in diesem Jahr brauchen, um die notwendigen Entscheidungen zu treffen, für Veränderungen, die unerlässlich sind. Dank dieses Elements werden wir über die richtigen Strategien und die Fähigkeit

verfügen, alle Prozesse zu organisieren und
unter Kontrolle zu halten, aber wir werden
auch flexibel bleiben.

# Elemente im chinesischen Horoskop

## Metall

Menschen, die in den Jahren geboren sind, die im chinesischen Horoskop auf 0 oder 1 enden, werden dem Metallelement zugeordnet. Metall, das Material, aus dem Schilde und Schwerter hergestellt werden, ist das Element, das Festigkeit und Ehrlichkeit, aber auch Strenge symbolisiert.

Metall ist das Element des Herbstes, der Jahreszeit der Ernte und des Überflusses. Es ist dual wie die Funktionen seines Elements, denn in Form eines Schwertes verflüssigt es, und als Löffel nährt es. Metall kommt aus

der Erde, wird vom Feuer beherrscht und
verklärt Holz.

Die Persönlichkeit dieser Personen, die dem
Metallelement angehören, ist in der Regel
sehr ambivalent. Am besten geht es ihnen,
wenn sie allein sind, da sie niemandem
Rechenschaft ablegen müssen.

Sie sind entschlossen, bestimmen ihr
Schicksal selbst, sind stur, professionell und
gleichgültig gegenüber jedem Versuch eines
Kompromisses. Ihre Freiheit steht an erster
Stelle, und es ist sinnlos, sie unter Druck zu
setzen, geschweige denn ihnen zu helfen,
denn sie hören auf niemanden und
akzeptieren keine Einmischungen und
Behinderungen. Sie verlassen sich nur auf
sich selbst und lassen sich von niemandem
beeindrucken, denn sie sind mächtig und
fähig, Großes zu leisten.

Für sie gibt es keine Schwierigkeiten, die sie
aufhalten können, und selbst wenn eine
Situation unhaltbar wird, leisten sie bis zum

Ende Widerstand. Sie sind ehrgeizig und berechnend, sie lieben Geld, Macht und Erfolg und werden keine Mittel scheuen, um ihre Ziele zu erreichen, auch wenn das bedeutet, dass sie Beziehungen zerstören.

Sie eignen sich für Berufe, in denen sie ihr Element zum Ausdruck bringen können: Juweliere, Finanziers, Versicherungen jeglicher Art, Schlosser, Bergleute, Chirurgen, und für alle Bereiche, in denen sie sich von anderen unterscheiden können. Sie können auch in Berufen erfolgreich sein, die mit Holz oder Papier zu tun haben.

Diejenigen, die mit Wasser zu tun haben, werden vorteilhaft sein, diejenigen, die mit Erde zu tun haben, können zu Konflikten führen, und von denen, die mit dem Feuerelement zu tun haben, sollten sie sich fernhalten.

Sie interessieren sich nicht für Gefühle und lassen sich von den Schwierigkeiten anderer nicht beeindrucken, bis hin zur

Manipulation, wenn sie sich einen Vorteil verschaffen können.

Die Leidtragenden sind vor allem die Menschen des Holzelements, da es sie mit frontalen Aggressionen manipuliert und unterdrückt. Die Menschen des Wasserelements hingegen erhalten, da sie empfänglich sind, einen wirksamen Anstoß, der ihnen enorm zugutekommt. Die einzigen, die sie wirklich beugen können, sind die Menschen des Feuerelements, denn sie beherrschen ihre Unempfindlichkeit und Strenge mit einer ansteckenden Emotion.

Körperlich erkennt man einen Menschen des Metallelements an seinem traurigen Blick und der blutarmen Gesichtsfarbe. Sie sind zerbrechlich, anfällig für Stress und können durch Temperaturschwankungen und schlechte Ernährung beeinträchtigt werden.

Deshalb sollten sie ihren Appetit anregen, wobei würzige Speisen im Vordergrund stehen.

Die günstigste Jahreszeit für sie ist der Herbst, und während dieser Zeit können sie ihre Fähigkeiten maximal entwickeln, was jedoch nicht bedeutet, dass sie es übertreiben oder stur sein sollten. Er sollte weiße Kleidung tragen, Metalle und weißen Quarz als Amulette verwenden.

Metall ist starr und unnachgiebig und hat keine Angst vor Gefahren. Es ist ein unabhängiger Menschentyp, der, getrieben von Gier, mit Ausdauer vorgeht, sich auf den Erfolg konzentriert, plant und das Spontane verabscheut. Wenn er einmal einen Weg eingeschlagen hat, ändert er ihn nicht mehr.

Trotz ihrer äußeren Unempfindlichkeit strahlen Menschen dieses Elements eine Anziehungskraft aus, die von allen wahrgenommen wird, mit denen sie in Kontakt treten. Um von ihren Fähigkeiten zu profitieren, müssen sie jedoch lernen, weniger dogmatisch zu sein, da dies ihre Beziehungen beeinträchtigt.

Menschen, die im Metallelement geboren sind, müssen sich erziehen, damit sie ihre Gefühle ausdrücken können. Wenn sie dies nicht tun, werden sie das Gefühl haben, dass ihre Energien vermindert sind.

## Erde

Menschen, die in den Jahren geboren sind, die auf die Zahlen 8 oder 9 enden, gehören dem Erdelement an. Diesem Element entsprechen die Eigenschaften der Standhaftigkeit, der Ausdauer und der Fruchtbarkeit. Obwohl die Erde in der chinesischen Astrologie keine eigene Jahreszeit hat, ist sie im Kalender mit den letzten zwei oder drei Wochen der anderen Jahreszeiten verbunden.

 Erde ist das Element, das für Stabilität und Greifbarkeit steht, aber bei einem Übermaß verwandelt es die Menschen in vorsichtige, misstrauische und starrköpfige Menschen

und schränkt ihre Initiativen und Fantasien
ein.

Der Mensch des Erdelements ist geduldig
und bescheiden, arbeitet immer mit
Beständigkeit, ohne sich einen Augenblick
der Freude oder Unordnung zu gönnen. Er
wird nie müde und kann ebenso eifrig und
materialistisch wie naiv und umsichtig sein.
Sein unbestreitbarstes Merkmal ist seine
ausgeprägte Entmutigung. Er ist zu ernst,
liebt es zu planen und zu lenken, ist entsetzt
über Zufälle, und obwohl er intelligent ist
und ein außergewöhnliches Gedächtnis hat,
stört es ihn, glanzvoll zu erscheinen.

Sie ist unersättlich nachdenklich, ehrgeizig
und ängstlich und damit der Gefahr
ausgesetzt, die Milz aufzuladen, ein Organ,
das mit diesem Element zusammenhängt
und das geschwächt ist, wenn der Mensch
eine scharfe Mentalität hat.

Die Person, die zu diesem Element gehört
zementiert persönliche Beziehungen

allmählich, aber für eine lange Zeit erträgt. Es ist sehr hingebungsvoll und Verteidiger in der Liebe, immer bereit, Vertrag und erfüllen ihre Verantwortung, und obwohl es nicht demonstrativ in ihren Gefühlen ist eine Schulter, die immer aufgezählt werden kann, weil es an Ihrer Seite in den Momenten, die Sie brauchen es sein wird.

In ihrer Arbeit sind sie seriös und zurückhaltend, aber auch organisiert und verlässlich. Sie sind die richtigen Leute, um Geschäfte mit Moral, Strenge und feuerfester Ehrlichkeit zu führen. Ihr Verstand macht sie zu unschlagbaren Vermittlern in den Problemen, die mit ihren eigenen praktischen und günstigen Ausgängen dazu beitragen. Sie sind kompetent für Berufe, die Geschicklichkeit erfordern, aber keine Initiative oder Führungssituationen beinhalten.

Obwohl sie wegen ihrer Launenhaftigkeit und Nostalgie und ihrer Unfähigkeit, fröhlich zu sein, nicht leicht zu ertragen ist, verbindet sie sich gut mit dem Metallelement, dem sie Stabilität verleiht, und mit dem Wasser, das sie geschickt zu bändigen und zu lenken weiß.

Es hat normalerweise Konflikte mit dem Holzelement, da es zwar schützt, aber manchmal auch erstickt, und mit dem Feuer, das es sowohl antreibt als auch schwächt.

Das Erdelement ist mit dem Planeten Saturn verbunden. Sie müssen unglaublich vorsichtig mit dem Verzehr von Süßigkeiten sein, etwas, das Sie lieben, da es mit Ihrem Element verbunden ist.

Sie sollten immer die natürliche Süßigkeit wählen und die Verwendung von weißem Zucker einschränken, da dieser das Kalzium in ihrem Knochensystem zerstört. Sein anderer Schwachpunkt ist das Verdauungssystem, das ihn in der Regel stark bestraft, deshalb sollte er eine leichte und leicht verdauliche Ernährung erhalten.

Es wird empfohlen, den direkten Kontakt mit Mutter Erde zu suchen, barfuß im Sand oder auf dem Feld zu laufen.

Seine Glücksfarbe ist gelb, und sein Quarz ist Topas und Citrin.

Die Erde steht für Wohlstand, Vernünftigkeit, Materialismus und Sicherheit. Diese Menschen neigen dazu, introspektiv zu sein, was ihnen eine große Fähigkeit zum Denken verleiht. Die Erde ist das Gefäß des Lebens und diese Siegel der unauslöschlichen Form zu denen unter dem Einfluss dieses Elements geboren, da sie stabile Menschen, in denen Sie delegieren können, sind.

Die Erde nährt sich vom Feuer und erzeugt eine große Energie, die Metall erhitzt und schmilzt, Wasser bändigen und von Holz verzehrt werden kann.

Um sich wohlzufühlen, braucht der Mensch des Erdelements materielle

Sicherheit, obwohl er fleißig, formal und organisiert ist. Man kann ihnen vorwerfen, dass sie anmaßend sind, aber aufgrund ihrer Verdienste gehen sie langsam auf ihre Ziele zu und erzielen stabile Ergebnisse.

## Feuer

Menschen, die in den Jahren geboren sind, die auf 6 oder 7 enden, entsprechen dem Feuerelement. Zu diesem Element gehören Leidenschaft, Mut und Führung. Das Feuerelement ist das Element der Sommersaison, in der alles seine Früchte trägt und seine Vollendung findet. Es ist mit dem Planeten Mars verbunden, der wohltuend, aber manchmal impulsiv ist. Es ist übermäßig steril und symbolisiert die Person, die sich auszeichnet, aber auch andere schlecht behandelt. Kämpferisch, eitel und reizbar, geht die Person dieses Elements von Wut zu ungezügelter Freude über.

Seit seiner Kindheit hat er eine Führungspersönlichkeit, Ehrgeiz ist in seinem Leben präsent, er liebt Gefahren, Lachen, Begeisterung und Konflikte. Schwierigkeiten entmutigen ihn nicht, sondern spornen ihn an, weiterzumachen, und in diesen Fällen durchläuft er eine heftige Metamorphose.

Diese Menschen wurden geboren, um zu gewinnen, aber sie wissen nicht, wie sie es zugeben sollen, weil sie es nicht schaffen, sich selbst zu beobachten und ihre Energien zu nutzen. Sie sind großartig im militärischen Bereich, im Sport und als Chefs, da die anderen vor ihrem Charisma untergehen. Sie verstehen es, die Energien des Holzelements zu nutzen, indem sie ihre Genialität in den Dienst ihrer Sache stellen und in den Menschen des Erdelements den lebenswichtigen Mut zum Vorwärtskommen wecken.
Menschen, die dem Wasserelement angehören, neigen dazu, ihre Leidenschaft

auszulöschen, und Menschen, die dem Metallelement angehören, stellen sie mit einer Starrheit auf die Probe, die ihr Energiefeld auslaugt.

Das am leichtesten geschädigte Organ bei diesen Menschen ist das Herz, es besteht die Möglichkeit einer Tachykardie. Darüber hinaus können sie unter Ohren- und Darmproblemen leiden. Sie sollten Kleidung in hellen Farben tragen, unter denen Rot überwiegt, und als Amulette Quarze wie Granate und Hämatit verwenden. Sie sollten auch Weihrauch und Kerzen verwenden.

Diese charismatischen, enthusiastischen und opportunistischen Menschen kommunizieren gut und sind handlungsorientiert. Ihr Egoismus und ihr Wunsch nach Erfolg sind unberechenbar und sie verlassen sich nur auf ihre eigenen Ansichten. Sie neigen dazu, Details zu vernachlässigen, da sie manchmal stur sind und sich Ziele vornehmen, die intensive

Arbeit erfordern. Menschen, die unter dem Einfluss des Feuerelements geboren sind, sind positiv eingestellt, geben immer ihr Bestes und engagieren sich mit Liebe und Willen in allem, was sie tun. Ihre Energien dienen dazu, diejenigen in ihrer Umgebung zu unterstützen, denen es daran mangelt.

Das Feuer heizt das Haus, es ermöglicht uns die Zubereitung von Speisen. Dieses Element nährt die Erde durch die Asche, es ernährt sich von trockenem Holz, d.h. von Holz, seine Hitze beherrscht das Metall, d.h. es macht es biegsam, und es kann nur von Wasser beherrscht werden. Eine Führungspersönlichkeit hat immer ein Übermaß an Feuerelementen und neigt zu schnellen Entscheidungen. Er fühlt sich zu unkonventionellen Ideen hingezogen, hat keine Angst vor Gefahren und ist immer in Bewegung. Es ist wichtig, dass er emotionale Intelligenz erlernt, denn Arroganz kann seinen Egoismus verstärken und ihn unkontrollierbar machen, insbesondere wenn er auf Hindernisse stößt. Dieser selbstzerstörerische Stil ist in der Jugend besonders ausgeprägt. Der Erfolg begleitet die Menschen des Feuerelements, aber sie müssen übermäßig vorsichtig mit Instabilität und Unruhe sein, die die häufigsten Unzulänglichkeiten der Feuergeborenen sind. Es ist besser, diese Fehler zu beherrschen, um nicht von ihnen versklavt zu werden. Sie sollten sich einen ruhigen Ort suchen, an dem sie in Frieden leben können, und auch Meditation wird sie ins Gleichgewicht bringen.

Menschen mit dem Feuerelement sind hartnäckig und lukrativ.

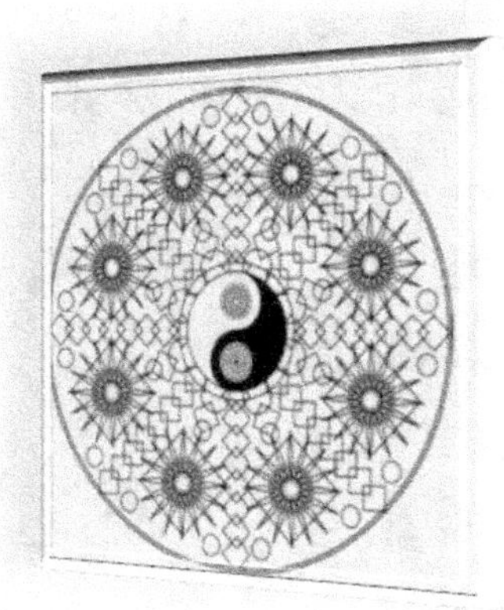

## Holz

Menschen, die in den Jahren geboren sind, die auf die Zahlen 4 oder 5 enden, gehören dem Element Holz an. Holz ist das Element, das Harmonie, Schönheit und Kreativität symbolisiert. Sie haben ein hohes Maß an Selbstvertrauen und einen eisernen Willen, was sie zu den richtigen Menschen macht, um für eine gerechte Sache zu kämpfen.

Holz ist mit dem Planeten Jupiter verbunden, es ist das wohltuendste der Elemente, Symbol für Beständigkeit und Wissen. Es ist anpassungsfähig, lässt sich gut biegen und ist vielseitig einsetzbar. Es charakterisiert kommunikative, großzügige und ehrliche Menschen.

Menschen mit dem Holzelement sind kreativ und vital, aber manchmal sind sie zerstreut und nicht in der Lage, ihren Weg zu finden und ihre Ziele zu erreichen. Sie vertrauen anderen bis hin zur Unschuld, sind gerne mit allen zusammen und entdecken immer neue Dinge, die sie preisgeben und sich selbst befriedigen können. Sie fühlen sich zur Natur und zu Kindern hingezogen und geben der Familie den Vorrang.
Gelegentlich neigen sie dazu, unrealistische Erwartungen zu stellen, ihren Körper herabzusetzen, zu viel zu essen und sich in Leidenschaft und Sinnlichkeit zu verlieren.
Sie sind daran gewöhnt, Partner aus dem Wasserelement zu wählen, von denen sie Mut und Unterstützung erhalten, und solche aus dem Feuerelement, die sie mit ihren brillanten Ideen unterstützen.
Es verträgt sich nicht sehr gut mit dem Metallelement, das es gnadenlos zerstört.

Das Element Holz erkennt man an seiner grünlichen Farbe. Diese Menschen sollten sich um ihre Augen kümmern.

Holz wird verwendet, um Unterkünfte zu bauen, weshalb es uns schützt. Holz deckt sich mit der Kreativität des Wassers, und dank dieser Eigenschaft verstehen und helfen sie anderen.

Diejenigen, die unter dem Holz-Element geboren sind, haben innere Konflikte, um sich Regeln und Traditionen zu unterwerfen, wo strenge Urteile ständig in Kraft sind. Dieses Element nährt das Wasser und ist gleichzeitig Brennstoff für das Feuer. Seine Energie wird von der Erde aufgesaugt und vom Metall unterjocht.

Menschen des Elements Holz erringen immer große Erfolge und haben eine begehrte Struktur. Ihre Berufe sind vielseitig. Sie legen großen Wert auf Integrität und streben danach, einen festen Platz im Leben zu finden. Der Glaube an den Erfolg und ihre analytischen Fähigkeiten geben ihnen die Fähigkeit, auch die komplexesten Probleme ohne Zögern anzugehen. Mit einer unglaublichen Überzeugungskraft agieren sie in vielen Bereichen, da sie stets auf Entwicklung und Veränderung abzielen.

Ihr natürlicher Wille hilft ihnen, voranzukommen, und sie finden immer Unterstützung und das nötige Kapital, da andere Menschen auf ihre Fähigkeit zählen, Ideen in Wohlstand zu verwandeln.

Sein Haupthindernis besteht darin, die Dinge auf die Spitze zu treiben. Wut und zurückhaltender Zorn wirken sich negativ auf die Energien dieses Elements aus. In der Nähe von Bäumen zu sein und sie zu berühren, gleicht das Holzelement aus.

Bei der Arbeit sind Menschen, die dem Holzelement angehören, geordnet, intelligent und einfallsreich. Bei kommerziellen Aktivitäten sind sie fruchtbarer, wenn die Arbeit in Teamarbeit erfolgt und gut strukturiert ist.

Kein Arbeitsbereich, der mit ihrem Element zu tun hat, ist ungünstig, aber diejenigen, die mit Feuer zu tun haben, können sie beeinträchtigen, und diejenigen, die mit Metall zu tun haben, werden sie ruinieren.

## Wasser

Das unempfindlichste und gefühlloseste
Element, das mit dem Winter, der
Langlebigkeit und dem Planeten Merkur
verwandt ist, ist der Herrscher der
Kommunikation und der tiefen Zuneigung.

Ein Mensch des Wasserelements ist
sensibel, aber hermetisch. Er ist barmherzig,
sentimental und zerbrechlich, hasst Kritik
und entscheidet sich deshalb, im
Verborgenen zu handeln, um sich zu
schützen. Er ist herzlich, wortgewandt und
gleichzeitig besonnen und versteht es,
Rückschläge zu überwinden, ohne sich
aufzuspielen, mit List, Scharfsinn und

Beharrlichkeit. Auf diese Weise erreicht er seine Ziele indirekt und im Stillen, wobei er den Eindruck erweckt, rücksichtsvoll und verständnisvoll zu sein.

Energiemangel ist ein Problem für das Wasserelement, wenn es nicht lernt, seine Hilflosigkeit mit der Kraft auszugleichen, die aus der Reflexion und der Kommunikation mit den tiefsten Teilen seines Wesens kommt. Panik ist immer die Leitschnur seines dramatischen Lebens, das oft in der Dunkelheit gelebt wird, aus Angst, sich zu zeigen und zu kämpfen.

Auf beruflicher Ebene sind sie durch den Wettbewerb gehemmt, aber sie leisten gute Arbeit an klaren und geschützten Orten, wie Schulen, Buchhandlungen, Redaktionen oder überall dort, wo Kommunikation, mündlich oder schriftlich, der primäre Mechanismus ist, und in der Gesellschaft von friedlichen Kollegen, die zu ihrer Persönlichkeit passen, wie zum Beispiel jemand aus dem Holz-Element, mit dem der

Wunsch nach Weisheit zusammenfällt, oder mit dem Metall, von dem sie Entscheidungen erhalten.
Umgekehrt passt er sich weder an das Feuerelement an, das er auslöscht und entmutigt, noch an Menschen, die dem Erdelement angehören und bei denen er sich eingeschränkt, konditioniert und behindert fühlt.

Schwarz ist die Farbe, die sie bevorzugen, aber sie sollten sie nur in Maßen verwenden, weil sie sie eher entmutigt.

Dasselbe geschieht mit dunklen Quarzen, die das Glück anziehen, wie Jet, Onyx und Turmalin. Um den besten Nutzen aus seinen Qualitäten zu ziehen, ohne in die Extreme zu gehen, und um eine Zerstreuung zu vermeiden, sollte die Person des Wasserelements ihre Pläne im Winter beginnen.

In positiven Perioden vermitteln die Liebesbeziehungen dieses Elements Zärtlichkeit, Gleichmut und Vorsicht, Potentiale, die es ihnen ermöglichen, sich mit der nötigen Klugheit zu verhalten, um die Ursachen ihrer Konflikte zu beseitigen, wenn sie auftreten.

Sie haben ein unglaubliches Denkvermögen, obwohl ihre zurückhaltende, tiefe und wolkige Persönlichkeit sie zu Melancholie neigen lässt.

Sie zeigen auch einen Mangel an Sicherheit und Kühnheit. Kreativität ist eine der Haupteigenschaften, die dieses Element repräsentieren, ebenso wie Anpassung, Sanftmut, Barmherzigkeit und Mitgefühl. Ohne Wasser gäbe es keine Lebewesen auf der Erde, dieses Element ist rein und kristallin, Eigenschaften, die diejenigen haben, die zu diesem Element gehören.

Menschen, die diesem Element angehören, sind leutselig und haben einen wunderbaren Einfluss auf andere. Sie haben eine originelle Intuition, die es ihnen ermöglicht, schnell zu erobern. Ausdauer und Klarheit geben ihnen die Möglichkeit, Ereignisse vorherzusagen.

Sie können die Fähigkeiten anderer wahrnehmen und sie wirksam inspirieren, aber sie sind diskret und lassen andere nicht merken, dass sie sie nutzen.

Missbräuche mit Natrium oder Alkaloiden und Lebensprototypen, die von den üblichen Strukturen abweichen, sind sehr schädlich für Menschen, die unter dem Wasserelement geboren sind.

Das Einhalten der Schlafzeiten, die Aufrechterhaltung einer entspannten geistigen und emotionalen Gesundheit und der Kontakt mit Wasser stellen ihre Harmonie wieder her und optimieren ihre Energien.

Diejenigen, die einem Wasserelementzeichen angehören, können Berufe ergreifen, die mit Holz und Feuer zu tun haben, und erfolgreich sein, Berufe ausüben, die mit ihrem eigenen Element zu tun haben, und Berufe, die mit Erde zu tun haben, ablehnen, da Erde das Wasser unterdrückt.

# Zeichen Kompatibilität und Inkompatibilität

**Sie sind kompatibel:**

**Ratte - Drache - Affe**.

Sie stehen in Beziehung zueinander durch ihre Persönlichkeiten, die stets aktiv und freundlich sind. Alle drei sind fleißig, ungeduldig, enthusiastisch und rastlos und haben stets hohe Ziele vor Augen. Sie stecken voller Ideen, haben die nötige Ausdauer und den Mut, sie umzusetzen und bringen immer wieder innovative,

unerwartete, überraschende und kraftvolle
Lösungen hervor.

## Tiger - Pferd - Hund.

Sie sind durch die Zufriedenheit verbunden,
die sie empfinden, wenn sie
zusammenarbeiten. Sie sind durch ihre
Bescheidenheit, ihre Würde, ihre Ehrlichkeit
und ihren hartnäckigen Altruismus
miteinander verbunden. Einfühlsam,
scharfsinnig und kommunikativ, wenn auch
ein wenig gewalttätig und streng, kämpfen
sie energisch gegen Ungleichheiten, Gewalt
und Illegalität. Diese drei Zeichen verkaufen
niemals ihr Gewissen.

## Ochse - Schlange - Hahn.

Diese drei Zeichen eint ihre Förmlichkeit,
ihre Vernunft und die Ernsthaftigkeit, die sie
in ihrem Leben erreichen. Sie sind
energisch, unternehmungslustig und

unermüdlich, unflexibel in ihren
Entschlüssen, überdenken und planen gerne
in Ruhe, bevor sie Verpflichtungen
eingehen, die sie später bereuen würden.
Was ihnen fehlt, ist Kälte, denn für sie muss
die Vernunft über die Gefühle siegen.

## Kaninchen - Ziege - Schwein.

Drei emotionale Zeichen, die auch durch
ihre Kreativität verbunden sind. Instinktiv,
anfällig, sensibel und zurückgezogen, passen
sie sich leicht an ihren Lebensraum an, und
als gute Profiteure stört es sie nicht, von
anderen abhängig zu sein. Ihre täglichen
Aussagen beinhalten immer die Worte:
Perfektion, Allianz und Konformität.

**Hinweis:** Entgegengesetzte Zeichen sind
Feinde:

Ratte -Pferd

Ochse - Ziege

Tiger - Affe

Kaninchen - Hahn

Drache - Hund

Schlange - Schwein.

# Ochse

## Merkmale

Ochsen sind anpassungsfähige und gelassene Tiere. Sie schätzen die Arbeit, wenn auch nicht so sehr, dass sie den ganzen Tag damit verbringen. Sie genießen ihre Freizeit und finden immer etwas, womit sie ihr Leben auflockern können.

Sie sind Menschen, die eine zuvorkommende Persönlichkeit ausstrahlen, und Gespräche mit ihnen sind reibungslos und angenehm. Er hasst jedoch Kontroversen und zieht es vor, im Recht zu sein, anstatt sich über einen Konflikt aufzuregen. Es macht ihm nichts aus, in den meisten Situationen derjenige zu sein, der sich fügt, obwohl die Möglichkeit besteht, dass er eines Tages explodiert und alle mit seinem Fehlverhalten schockiert.

Er hasst es, in Konflikte verwickelt zu werden, und zieht eine bequeme, feste und stabile Arbeit vor, auch wenn sie schlecht bezahlt ist, da er den Stress einer besser bezahlten Arbeit nicht ertragen kann.

Er lässt nie etwas halbfertig, selbst wenn er mehr Zeit dafür aufwenden muss. Obwohl sie nicht gerne streiten, ordnen sie gerne an und werden respektiert, weshalb wir Ochsen oft in Führungspositionen sehen. Sie sind eine angenehme und bequeme Führungspersönlichkeit, mit der man gut umgehen kann, wenn man sie nicht verärgert.

Außerhalb der Arbeitszeit sind sie liebevoll und behandeln die Menschen, mit denen sie zusammenleben, nie schlecht. Wenn man sie tun lässt, was sie vorhaben, und sich niemand in ihre Angelegenheiten einmischt, ist das Zusammenleben ausgezeichnet.

In der Liebe sind sie eifersüchtige Menschen, deshalb muss man aufpassen, dass man ihren Frieden nicht trübt. Sie sind treu und verlangen das Gleiche von ihrem Partner. Sie sind sinnliche Liebhaber, und die Koexistenz mit dem Ochsen ist gut, wenn wir verstehen, dass alles, was er initiiert, mit guten Absichten getan wird.

Menschen, die sich gerne nach der Vergangenheit ihres Partners erkundigen und ihn manipulieren wollen, passen nicht zu einer Beziehung mit dem Ochsen, denn er liebt den Frieden und hasst es, Dinge aus seiner Vergangenheit zu erzählen.

Der Ochse ist sich bewusst, dass man dauerhaften Erfolg hat, wenn man die Dinge richtig anpackt. Er glaubt nicht an Schicksal oder Glück und wird seine Ziele durch seine Hartnäckigkeit und harte Arbeit erreichen. Er ist vertrauenswürdig, denn er hält, was er verspricht.

Die Meinung anderer Leute ist ihm nicht wichtig. Er widmet sich immer mit Leib und Seele dem, was er zu tun hat, und lässt nie etwas halbfertig liegen.

Er ist kein Mensch der Details, erwarten Sie keine Gedichte oder Lieder, denn seine Geschenke werden immer einfach und ohne Anmaßung sein.

Da sie so traditionell sind, neigen sie zu langen Beziehungen, da sie Zeit brauchen, um eine Beziehung mit großem Vertrauen aufzubauen. Sie sind phlegmatisch gegenüber Veränderungen und lassen ihre wahren Gefühle erkennen.

Verachte niemals einen Ochsen, denn er ist sein Gewicht in Gold wert. Außerdem kann er sich jedes Detail einer Demütigung lange merken.

Der Ochse hasst es, Schulden zu haben, er wird immer bezahlen, was er schuldet, und für ihn ist es unverzeihlich, nicht dankbar zu sein. Aus seinem Mund werden Sie nie Worte des Dankes hören, denn er ist der Meinung, dass Taten lauter sprechen als Worte.

Mit der Toleranz des Ochsen muss man sehr vorsichtig sein, denn wenn er die Geduld verliert, kommt er nicht zur Vernunft, obwohl das äußerst selten vorkommt.

In seiner negativen Ausprägung ist der Ochse engstirnig, nimmt keine Rücksicht auf andere, obwohl jeder ihn für seine Aufrichtigkeit und die Festigkeit seiner Werte respektiert und bewundert.

Sein umgänglicher Charakter macht ihn zu einem Architekten großer Geschäfte, da er stets darauf achten wird, alle Vorsichtsmaßnahmen zu treffen, damit es seiner Familie nicht an Wohlstand mangelt.

Sein Leben dreht sich um sein Zuhause und seine Arbeit, daher bevorzugt er kalkulierte, langfristige Risiken.

Da er ein Mensch mit gemäßigten Gewohnheiten ist, entmutigt ihn Unsicherheit. Der Hahn ist der perfekte Partner für ihn. Beide sind kraftvoll und fleißig.

Beziehungen mit der Ratte oder der Schlange werden ebenfalls vorteilhaft sein, da beide dem Ochsen gegenüber sehr engagiert sind.

Er fühlt sich in der Gesellschaft der Ziege, des Tigers oder des Hundes nicht wohl, da sie seinen übermäßigen Formalismus ablehnen.

## Ochse

## Hölzerner Ochse

Menschen, die im Zeichen des Holz-Ochsen geboren sind, sind ungeduldig und immer bereit, die Wehrlosen zu verteidigen. Sie können sich in Zeiten der Not selbstlos um ihre Freunde kümmern.

Nichts hindert sie daran, Schmeicheleien anzubieten, und wegen ihres aufrechten Charakters machen sie sich viele Feinde. Freiheitsliebend und unabhängig, kann er es nicht ertragen, lange eingesperrt zu sein, und seine Freunde und Lieben müssen sein

Bedürfnis nach Bewegungsfreiheit respektieren.

Er ist ein unverbesserlicher Optimist, der große Träume und Hoffnungen für die Zukunft hat und immer ein Ziel verfolgt.

Er hat großen Glauben und großes Vertrauen in das Leben, und Misserfolge können seinen Geist nicht besiegen. Er erholt sich immer von seinen Enttäuschungen, oft mit einem neuen Traum oder Projekt.

Er hat eine spielerische und sportliche Einstellung zum Leben und eine philosophische Einstellung zu seinen eigenen Fehlern. Er nimmt zukünftige Trends wahr, kann das große Ganze projizieren und mag es, zu theoretisieren und zu spekulieren.

Da sie sich selbst nicht allzu ernst nimmt, merkt sie oft nicht, wie sehr ihre offenen Kommentare verletzen können.

Auch wenn er sich dessen nicht bewusst ist, ist seine Gefühllosigkeit und sein mangelndes Verständnis für die Gefühle anderer einer seiner größten Fehler.

Sie hat eine gute geistige Konzentration und die Fähigkeit, sich in ihre Arbeit zu vertiefen. Sie scheint Dinge auf einer instinktiven, nonverbalen Ebene zu wissen und zieht es vor, durch direkte Erfahrung oder Lehre zu lernen, anstatt durch Bücher oder Vorträge.

## Wasserochse

Dieser Ochse ist sehr geheimnisvoll. Vertraut niemandem mit seinen Geschäftsplänen, um deren Umsetzung nicht zu stören. Er ist in der Lage, den Lauf der Dinge vorherzusehen, um Störungen und Probleme zu vermeiden.

Da diese Eigenschaften durch außergewöhnliche Ehrlichkeit, die Fähigkeit, ihre Gedanken klar auszudrücken, und Kontaktfreudigkeit ergänzt werden, sind diese Ochsen in der Politik und im gesellschaftlichen Leben von unschätzbarem Wert.

In der Regel lieben Menschen, die im Jahr des Wasser-Ochsen geboren sind, ihre Frauen und vergöttern Kinder.

Ein nachdenklicher, praktischer und äußerst ehrgeiziger Wasserochse zeigt einen feinsinnigen Verstand und strenge Prinzipien. Er nutzt die Dinge für seine Zwecke und kalkuliert jeden seiner Schritte. Er weiß immer, was er mit sich anfangen soll und wie er seine Aktivitäten organisieren muss.

Dieser Ochse ist intelligenter und flexibler als andere Arten von Ochsen. Er ist bereit, Empfehlungen anzunehmen, stimmt aber nur selten zu, etwas zu ändern oder unbequeme Methoden der Arbeit oder Freizeitgestaltung anzuwenden. Er wird jedoch nicht entrüstet sein, wenn man ihm rät, seine Taktik ein wenig zu ändern, vor allem, wenn er glaubt, dass er dadurch sein Ziel erreichen wird.

Er ist besorgt um seinen sozialen Status und seine Sicherheit; in den meisten Fällen achtet er bei allem, was er unternimmt, auf Recht und Ordnung.

Er wird sich für die gemeinsame Sache
einsetzen und mit allen gut
zusammenarbeiten. Er kann sein Leben
leicht bewältigen, es sei denn, er ist zu
schwach oder verlangt nicht zu viel vom
Leben und anderen Menschen.

Er kann sich auf mehrere Ziele gleichzeitig
konzentrieren und durchbricht alle
Gegenargumente mit seiner gewohnten
Ruhe, Aufmerksamkeit und unverwüstlichen
Entschlossenheit.

Intimität fällt diesem Ochsen nicht leicht,
und er kann aufgrund seiner extremen
Vorsicht und emotionalen Zurückhaltung als
kalter oder unsensibler Mensch erscheinen.

Aufgrund von Trennungen oder
schmerzhaften Beziehungen in seinem
frühen Leben hat er zunächst kein Vertrauen
in andere und braucht lange, um seine
Barrieren abzubauen.

Sie glauben, dass Sie nur wenige Freunde
oder Menschen haben, die Sie schätzen.

Er muss lernen, sich selbst mehr zu schätzen
und zu lieben, und er muss lernen, seine
Wertschätzung für andere offener
auszudrücken.

# Erde Ochse

Erd-Ochsen sind ehrenhaft und vernünftig, mit einem hohen Sinn für Engagement, das sie von anderen Ochsen abhebt. Sie legen großen Wert auf eine ausgewogene Verteilung von Gefälligkeiten, wenn sie anderen helfen.

Sie schätzen sich selbst richtig ein und erkennen sowohl ihre Vorteile als auch ihre Nachteile. Sie versprechen nie vergeblich und handeln nicht über ihre Fähigkeiten hinaus. Sie bemühen sich, ihre Versprechen einzuhalten und erfolgreich zu sein.

Sie sind dankbar für erhaltene Gefallen, sie wissen, wie sie ihre Arbeit effizient

organisieren und verwalten können. Sie sind
vorsichtig und stellen sicher, dass sie mit der
Hilfe ihrer Freunde immer Erfolg haben
werden.

Der Erd-Ochse ist sparsam und umsichtig.
Er versucht, die maximale Belohnung in
seiner Arbeit zu erreichen, in der Lage zu
betrügen, um nicht zu verlieren.

 Er schränkt sich nicht ein, wenn es darum
geht, persönlich die Wahrheit zu sagen,
wofür er bewundert wird. Sie sprechen ihn
an, weil sie wissen, dass der Ochse, wenn er
spricht, einen vernünftigen Vorschlag hat.
Dieser Ochse braucht in der Regel die
Begleitung von Verwandten, die ihm helfen,
umgänglicher zu sein.

Dieser Ochse ist stur, aber etwas weniger
kreativ als die anderen Ochsen, da er sich
seinen Träumen verschrieben hat.

Von klein auf ist er sich seiner
Unzulänglichkeiten und Einschränkungen
bewusst. Er wird in jedem Beruf, den er

wählt, erfolgreich sein, da er ein fähiger
Mensch ist und bereit ist, den Preis für den
Sieg zu zahlen. Er teilt spontan mit anderen
und hilft seinen Freunden.

Obwohl er gefühlstrocken und unsensibel
ist, kann er insgesamt aufrichtig lieben und
ist seinen Lieben gegenüber sehr loyal. Er
wird hartnäckig darum kämpfen, sein Leben
zu vervollkommnen, und wenn er in
Bedrängnis gerät, beschwert er sich nie.

Seine Fähigkeit, sich zu konzentrieren und
Entscheidungen zu treffen, ermöglicht es
dem Erd-Ochsen, hoch aufzusteigen und
niemals vor einem Hindernis zu
kapitulieren.

Er ist der langsamste, aber auch der
überzeugendste der Ochsen.

## Feuer-Ochse

Menschen, die dem Feuer-Ochsen
angehören, sind kleinlich und haben eine
engstirnige Mentalität.

Sie werden durch ihr Wissen begünstigt,
sind aber aufgrund ihrer mangelnden
Entscheidungsfähigkeit empfindlich
gegenüber Reizen aus der Außenwelt.

All dies zeigt sich in ihrem Leben, da sie
sich häufig trennen oder scheiden lassen.

Sie sind sehr streng mit ihren Partnern, und
ihre Liebe erscheint und verschwindet leicht,
aus diesem Grund ist es sehr praktisch, dass
sie mit kommunikativen und dynamischen
Menschen zu tun haben.

Nur Menschen im Zeichen der Ratte - Wasser können eine dauerhafte romantische Beziehung mit ihnen führen.

Dieser Ochse ist ein Kämpfer, für ihn gibt es keine Hindernisse oder unmögliche Wege. Schnelligkeit ist eine seiner herausragenden Qualitäten, und alles genau und effizient zu erledigen, bringt ihn an die Spitze. Seine Mentalität, sein Durchsetzungsvermögen und seine Bescheidenheit machen ihn zu einem effektiven Führer.

Er hat nicht unendlich viele Freunde, aber die wenigen, die er hat, denen widmet er sein Leben.

Dieser Feuer-Ochse sollte lernen, auf die Meinung seiner Familienmitglieder zu hören, denn sie werden ihm immer einen intelligenten Rat geben.

Diese Ochsen sind manchmal impulsiv und beschäftigen sich mehr mit Macht als mit anderen Dingen.

Feuer erhöht die Fähigkeit des Ochsen, sich selbst zu kontrollieren und ein entschlossenes Verhalten an den Tag zu legen.

Dieser Ochse kann energischer und eitler sein als andere Ochsen, ausgenommen der Metall-Ochse, der in diesen Eigenschaften oft den Feuer-Ochsen übertrifft.

Der Feuer-Ochse ist egoistisch und neigt oft zu Wahnvorstellungen.

## Metall-Ochse

Das Metallelement Ochse ist wegen seiner
ausgezeichneten Beziehungen hochgeachtet.
Sie sind schon in jungen Jahren wohlhabend
und angesehen, leben im mittleren Alter
bequem und genießen ein angenehmes
Leben im Alter.

Sie sollten darauf achten, nicht mit
Menschen zusammenzukommen, die verlobt
sind oder eine Dreiecksbeziehung haben.
Diejenigen, die bereits verlobt sind, müssen
lernen, sich gegenseitig zu respektieren,
sonst werden sie Schwierigkeiten in der Ehe
bekommen, wie z.B. eine dritte Partei, die
der Beziehung in die Quere kommen könnte.

Dieser Metall-Ochse hat einen starren Charakter, es gibt nichts und niemanden, der ihn von dem Weg abbringen kann, den er für den richtigen hält. Er handelt nie umsonst und wird bei allem, was er sich vornimmt, immer das richtige Ergebnis erzielen.

Metallochsen sind die umfänglichsten aller Ochsen, sie lieben es, mit ihren Freunden zu teilen, sich zu erholen und entspannt zu sein. Sie sind gut zu ihrer Familie und versorgen sie mit einem würdigen Leben. Wäre dieser Ochse nicht so egoistisch, würde er schneller beruflich vorankommen.

Dieser Metall-Ochse ist häufig mit allen, die nicht seiner Meinung sind, nicht einverstanden, auch nicht mit seinen Vorgesetzten, und jeder, der es wagt, ihn zu kritisieren, bekommt seinen Ärger sehr deutlich zu spüren.

Obwohl dieser Ochse von Natur aus nicht anspruchsvoll ist, kann er Kunst und Musik lieben und diszipliniert sein.

Er hat ein ausgeprägtes
Verantwortungsbewusstsein, und Sie können
ihn beim Wort nehmen, denn er
verschwendet keine Worte um des Wortes
willen.

Manchmal versucht er, Dinge zu überfahren,
und das kann gefährlich werden.

Der Metall Ochse allein sieht aus wie eine
Armee von Männern, wenn er so tut, als ob
er Erfolg hätte.

# 2024. Vorhersagen für den Ochsen

Im Jahr des Drachens fühlt sich der Ochse energiegeladen, aber er sollte übervorsichtig sein, denn dieses Jahr bringt sehr tiefgreifende Veränderungen, positive Auswirkungen, aber auch einige Herausforderungen.

Der Ochse ist ein sehr ethisches und entschlossenes Individuum, diese Eigenschaften werden sich verstärken und

dem Ochsen ein zusätzliches Maß an
Ausdauer verleihen. Sie werden bereit sein,
sich jeder Herausforderung zu stellen und
ihre Ziele mit einem unzerstörbaren Willen
zu verfolgen.

In diesem Jahr des Drachen bieten sich dem
Ochsen viele Möglichkeiten für beruflichen
Erfolg. Sie werden in ihren beruflichen
Bemühungen Anerkennung finden, ihre
Bereitschaft, Toleranz und ihr Engagement
werden endlich belohnt.

Der Aufbau eines Netzwerks von Kontakten
kann ihm bei seiner beruflichen
Entwicklung helfen, und selbst wenn seine
beruflichen Aufgaben zunehmen, wird er
mit Begeisterung vorankommen können.
Die Energie des Drachen wird den Ochsen
leiten und ihm Strategien an die Hand
geben, um zu mehr Wohlstand zu gelangen,
aber er muss investieren und seine Finanzen
verwalten. Obwohl der Ochse finanziell
verantwortungsbewusst ist und das Jahr des

Drachen ihm Chancen auf Wohlstand bietet, ist es wichtig, dass er lernt, seine Finanzen zu verwalten und unnötige Risiken zu vermeiden.

Der Ochse sollte daran denken, dass alle Herausforderungen dazu dienen, seine Geduld und Anpassungsfähigkeit zu prüfen: diese Herausforderungen sind Gelegenheiten für persönliches Wachstum und Entwicklung. Es ist nicht so, dass der Drache Ihnen direkt Geld in die Hand drücken wird. Es geht darum, dass Sie Investitionsmöglichkeiten finden werden, und wenn Sie die richtigen Entscheidungen treffen, werden Sie Wohlstand erlangen.

Wenn Sie keinen Partner haben, müssen Sie geduldig sein, es gibt Möglichkeiten, aber Sie werden auch Konkurrenz finden. Ihre Chance, Liebe zu finden, könnte in Ihrem Freundeskreis versteckt sein.

Das Komische daran ist, dass Sie eher einen Partner finden, wenn Sie nicht so intensiv suchen. Es ist wahrscheinlicher, dass Sie jemanden zwanglos treffen als in einer romantischen Umgebung.

Wenn Sie in einer Beziehung sind, müssen Sie verhindern, dass die Liebe in eine Routine verfällt, dafür müssen Sie sich anstrengen und viel Toleranz und Geduld aufbringen. Der Stress im Beruf und die Konflikte in der Familie können zu Streitigkeiten führen, die Sie von Ihrem Partner entfremden können. Kommunikation ist besonders wichtig, und Reife ist grundlegend.

Im Falle eines Streits oder eines Rechtsstreits erleiden beide Parteien erhebliche Verluste. Es ist klug, sich mit der anderen Partei zu versöhnen, um erhebliche finanzielle Verluste zu vermeiden.

Im Jahr des Drachen werden Sie über gute Gesundheit und Energie verfügen. Sie werden nur unter Schlaflosigkeit aufgrund von Stress leiden, daher wäre es ratsam, einen Weg zu finden, sich zu entspannen.

Wenn Sie mehr in Kontakt mit Ihren Gefühlen sind, kann Ihnen das helfen, sich in diesem Jahr weiterzuentwickeln. Bewegen Sie sich, wenn Sie können, und achten Sie auf Ihre Ernährung. Wenn du gesunde Essgewohnheiten beibehältst, wirst du ein gutes Jahr haben.

# Dekorieren Sie Ihr Zuhause nach Feng-Shui

Feng Shu ist eine chinesische Philosophie, die sich mit der Umwelt befasst und auf der Theorie von Yin und Yang und den fünf Elementen basiert.

Experten haben gezeigt, dass im alten China regelmäßig Gebiete gewählt wurden, die von Bergen umgeben sind und einen Fluss haben. Dies lag nicht nur daran, dass diese Gebiete die wichtigsten Kriterien für das Überleben darstellten, sondern auch daran, dass sie den vom Feng-Shui festgelegten Mustern entsprachen.

Die Hauptidee des Feng-Shui ist es, ein Gleichgewicht zwischen dem Menschen und dem Universum herzustellen. Wenn es gute Energien gibt, gibt es ein Gleichgewicht, da

Feng-Shui das Schicksal eines jeden Menschen beeinflusst.

Durch das Studium des Feng-Shui können die Menschen an ihrer Kompatibilität mit der Natur, ihrer Umgebung und ihrem Leben arbeiten, um mehr Wohlstand und Gesundheit im Leben zu erreichen.

## Theorie der fünf Elemente

Die Theorie der fünf Elemente ist ein Bestandteil des Feng-Shui. Diese Elemente sind wichtig für die Bestimmung des richtigen Feng-Shui in jedem Raum. Diese Elemente sind Feuer, Erde, Metall, Wasser und Holz, und jedes hat eine Besonderheit, die bestimmte Aspekte des Lebens symbolisiert. Die Fünf Elemente sind der Ausdruck, der im Feng-Shui verwendet wird, um die Struktur der Natur zu erklären, und diese Elemente wirken zusammen und müssen immer ausgeglichen sein.

# Feng-Shui für die zwölf Zeichen des chinesischen Horoskops

## Das Zeichen der Ratte

Wasser begünstigt Menschen, die im Zeichen der Ratte geboren sind; es hilft ihnen, Wohlstand zu erlangen. Um Reichtum zu erlangen, sollten sie ein Goldfischbecken im nördlichen Teil ihres Büros aufstellen.

## Das Zeichen des Ochsen

Menschen dieses Zeichens werden Wohlstand erreichen, wenn sie das Element Feuer nutzen. Um dies zu erreichen, sollten sie Porzellan- oder Keramikartikel in ihren Geschäften oder Büros und in ihren Häusern aufstellen.

## Das Zeichen des Tigers

Das Erdelement ist dasjenige, das Personen, die dem Zeichen des Tigers angehören, verwenden sollten. Sie sollten etwas Relevantes hinzufügen, dass dieses Erdelement symbolisiert. Eine Topfpflanze oder eine natürlich wachsende Blume kann Wohlstand in ihr Leben bringen.

## Das Zeichen des Hasen

Um Glück und Fülle anzuziehen, brauchen Menschen mit dem Zeichen Hase ein geheimes Erdelement in ihrem Leben. Sie sollten eine Jade oder einen Citrin-Quarz im nordöstlichen Teil Ihres Hauses oder Büros verstecken.

## Drachen-Zeichen

Der Nordwesten ist hervorragend für diejenigen, die im Zeichen des Drachen geboren sind. In diese Richtung sollten sie eine Schale mit klarem Wasser, vermischt mit ein wenig Erde, stellen. Eine andere Möglichkeit ist, eine Lotusblume in eine Schale zu legen.

## Das Zeichen der Schlange

Menschen, die dem Zeichen der Schlange angehören, werden zu Wohlstand kommen, wenn sie Metallgegenstände, insbesondere Gold und Silber, in ihrem Haus oder Büro verwenden.

## Das Zeichen des Pferdes

Der Nordwesten ist die empfohlene Position für Menschen mit dem Zeichen des Pferdes, um ein großes Kapital zu erhalten. Sie sollten einen Metallfrosch im Nordwesten ihres Hauses oder Geschäfts platzieren.

## Das Zeichen der Ziege

Norden ist die geeignete Himmelsrichtung für Menschen, die im Zeichen der Ziege geboren sind. Sie sollten eine kleine Holzkiste oder einen anderen hölzernen Gegenstand im Norden ihres Büros oder ihrer Wohnung aufstellen. Wenn sie eine Holzkiste verwenden, sollten sie darin einen Gegenstand platzieren, der mit ihrem Beruf zu tun hat. Ein Schriftsteller kann zum Beispiel einen Bleistift in die Kiste legen.

## Affe Zeichen

Damit Wohlstand in das Leben von Menschen kommt, die im Zeichen des Affen geboren sind, sollten sie eine Pflanze in ihrer Größe oder größer in dieser Himmelsrichtung auf der Westseite des Hauses oder des Unternehmens aufstellen.

## Hahn Zeichen

Wer dem Sternzeichen Hahn angehört, hat
Glück, wenn er einige Samen in ein Glas,
eine Flasche oder eine Schale von
dunkelroter Farbe legt. Sie sollten kein
Metall verwenden.

## Hundeschild

Menschen, die dem Zeichen des Hundes
angehören, sollten in ihrem Leben auf die
Elemente Wasser und Erde verzichten. Sie
können Baumstämme oder Pflanzenzweige
in ihr Büro oder ihre Wohnung stellen, aber
sie können sie nicht in Wasser oder Erde
stellen.

## Das Zeichen des Schweins

Menschen, die im Zeichen des Schweins
geboren sind, brauchen das Element Feuer
in ihrem Leben, um Glück zu haben. Sie

können ein Keramiktablett oder andere Gegenstände aus Ton in ihrem Arbeitszimmer aufstellen. Keramische Gegenstände werden zur Fertigstellung durch das Feuer geführt.

# Feng-Shui 2024

Im Jahr des Drachen sollten Sie Perlenarmbänder oder Armreifen tragen.

Sie sollten ein Amulett mit einer Drachenfigur oder ein Feng-Shui-Glücks-Windspiel mit Kristallen aufstellen und es im Südosten Ihres Hauses oder im Familienbereich Ihres Schlafzimmers oder Büros platzieren.

Vergessen Sie nicht, Ihre Wohnung mit Grünpflanzen, Naturblumen in verschiedenen Farben, Fotos, Bildern oder Darstellungen zu schmücken, die Landschaften und Gärten charakterisieren.

Sie sollten auch Dekorationen aus Holz verwenden und keine Fotos von verstorbenen Familienmitgliedern neben den aktuellen Familienfotos aufstellen, da die Schwingung dieser Fotos schmerzhaft ist und Ihnen Energie entzieht.

Das chinesische Neujahrsfest hat viele Traditionen, um das Alte zu verabschieden und Platz für das Neue zu machen. Eine Tradition, die wir empfehlen, ist, am ersten Tag des chinesischen Mondneujahrs nicht in der heimischen Küche zu kochen, da es Unglück bringt, scharfe Instrumente wie Messer herauszunehmen. Dies kann das Glück für den Rest des Jahres schmälern.

Die ersten 15 Tage des chinesischen Neujahrsfestes werden gefeiert, und obwohl es stimmt, dass uns manchmal die Zeit dazu fehlt, ist es ratsam, sich im Voraus darauf vorzubereiten.

Wenn Sie es schaffen, im Voraus vorbereitet zu sein, wird dies Ihnen helfen, Wohlstand anzuziehen. Beginnen Sie in diesem Jahr zwei Tage vor dem chinesischen Neujahrsfest, also am Donnerstag, dem 8. Februar 2024, mit einer gründlichen Reinigung Ihres Hauses. Vergessen Sie nicht, dass es Unglück bringt, am ersten Tag des neuen Jahres zu putzen, weil Sie damit Ihr ganzes Glück aus der Haustür fegen würden.

Am Abend vor dem chinesischen Neujahrsfest, am Freitag, dem 9. Februar 2024, sollten Sie alle Ihre Ziele für das Jahr planen und aufschreiben, falls Sie dies nicht schon am 1. Januar getan haben.

Schreiben Sie nach dem Neumond am Freitag, den 09.02.2024 um 17:58 Uhr EST absolut alle Ihre Wünsche auf. Welche Ziele wollen Sie in Ihrem Berufsleben, in Ihrem Finanzbereich, in Ihrem Liebesleben und in Ihrem Familienleben erreichen? Schreiben Sie eine Liste für jeden Bereich Ihres Lebens, den Sie verbessern möchten.

Wenn du eine Holztruhe kaufen kannst, wäre das ideal, denn darin kannst du deinen Wunschzettel zusammen mit einem Pyrit quarz und einem Citrin aufbewahren, die als Steine bekannt sind, die Wohlstand und Fülle anziehen. Sie sollten drei chinesische Münzen in die Truhe legen, denn sie sind traditionelle Symbole des Überflusses.

Alles, was Sie in diese Truhe legen, wird Ihre Wünsche schützen und die Wohlstandsenergien verstärken. Sie sollten diese Truhe an einem besonderen und sicheren Ort aufbewahren, am besten an einem hoch gelegenen Ort, denn so können Sie positive Energien von einer prominenten Stelle aus anziehen.

Vergessen Sie nicht, neue Kleidung zu tragen, denn sie steht für die neuen Energien, die Sie in Ihr Leben holen wollen. Du solltest einige rote Details tragen.

Besonders am Neujahrstag sollten Sie versuchen, sich nicht aufzuregen. Wenn

möglich, nehmen Sie sich an diesem Tag
frei, damit Sie keine Angst vor dem Verkehr
haben oder sich Sorgen machen müssen.
Denken Sie daran, auf dem Markt eine Tüte
Orangen zu kaufen, denn das symbolisiert
den Eintritt von Wohlstand in Ihr Haus im
neuen Jahr.

# Tipps für das Jahr 2024

Dies ist ein spektakuläres Jahr für Ihr persönliches Wachstum, deshalb sollten Sie die sich bietenden Gelegenheiten nutzen und nicht nur Ihre Fähigkeiten ausbauen, sondern auch neue erlernen.

Alles, was Sie in diesem Jahr 2024 tun, wird eine Investition in Ihre Zukunft sein. Es wird ein furchtbar arbeitsreiches Jahr sein, aber die Energien sind ermutigend, denn das Jahr des Drachen wird Ihnen die Gelegenheit geben, die Sie brauchen, um erfolgreich zu sein. Um davon zu profitieren, müssen Sie sich jedoch über alle Optionen, die Ihnen zur

Verfügung stehen, beraten lassen und alle Möglichkeiten analysieren.

Sie müssen aufmerksam sein und bereit, sich alle Ratschläge und Hilfen anzuhören. Mit Willenskraft und Initiative werden sich neue Türen für Sie öffnen.

In diesem Jahr des Drachen gibt es viel zu lernen, aber wenn Sie die Herausforderung annehmen, können Sie nicht nur in Ihrem Beruf vorankommen und Ihr Einkommen steigern, sondern auch wertvolle Erfahrungen sammeln.

Im Jahr des Drachen werden Sie sich nicht nur an größeren finanziellen Gewinnen erfreuen, sondern mit Ihrer unternehmerischen Natur auch ein Hobby finden, das Ihnen Wohlbefinden bringt.

Allerdings müssen Sie bei Ihren Ausgaben diszipliniert vorgehen und Ihr Budget sorgfältig planen, vor allem, wenn Sie an außergewöhnlich umfangreichen Transaktionen teilnehmen.

Wenn Sie im Laufe des Jahres Verträge unterzeichnen oder wichtige Vereinbarungen treffen müssen, sollten Sie die Bedingungen und alle Auswirkungen prüfen.

Um Ihre beste Leistung zu erbringen, sollten Sie einen ausgewogenen Lebensstil pflegen, Sport treiben, Ihren Schlafrhythmus einhalten und sich gesund ernähren. Es wird von Vorteil sein, wenn Sie neue Freunde finden.

Im Jahr des Drachen kann das Leben geheimnisvoll wirken und zufällige Ereignisse anziehen, die Ihnen viele Möglichkeiten eröffnen. Der Zufall spielt in diesem Jahr eine Schlüsselrolle in Ihrem Leben und verändert Ihre wirtschaftliche Situation. Ab Mai wird es eine Menge sozialer Aktivitäten geben, und Sie werden viel Spaß haben können.

Es wird ein lohnendes Jahr sein, in dem es Entscheidungen zu treffen, Anschaffungen zu tätigen und Vergnügungen zu genießen gilt. Diejenigen, die einen Partner haben, werden feststellen, dass sie gemeinsam mehr Erfolge erzielen.

Es ist ein Jahr, in dem die Fähigkeit, Gelegenheiten wahrzunehmen, viele Vorteile bringen wird. Das Jahr des Drachen hat ein enormes Potenzial, also bleiben Sie offen für Gelegenheiten und seien Sie bereit für Veränderungen und Anpassungen. Das Jahr des Drachen wird Unternehmer belohnen.

Dies ist ein Jahr, in dem der Ochse das Gleichgewicht bewahren und jeglichen Ballast loslassen muss; der Schlüssel dazu ist, dass man aufgibt, alles kontrollieren zu wollen.

Versuchen Sie, eine Routine zu schaffen, um auf dem Boden zu bleiben und Fallstricke zu vermeiden. Vernachlässigen Sie nicht Ihr Familienleben, wenn Sie nicht zu stolz und egozentrisch sind, werden Sie die Fähigkeit haben, alle Hindernisse zu überwinden. Neue Projekte sind am Horizont, die Ihre Leidenschaft wecken und Sie zu einem sehr wohlhabenden Menschen machen werden.

Achten Sie auf Ihre Schwächen und respektieren Sie sich selbst, indem Sie Ihre Grenzen nicht überschreiten. Hüten Sie sich vor Neid auf den Erfolg anderer. In diesem Jahr geht es um Selbstliebe, um die Wahrung einer klaren Identität und darum, sich zu konzentrieren.

Dies ist ein besonders wichtiges Jahr für Sie, in dem Sie Ihre Prioritäten setzen können, um erfolgreich zu sein.

Wenn Sie bereit sind, sich neuen Herausforderungen zu stellen, wird es ein beachtliches Jahr werden. Sie haben ein gutes Gespür für die Richtung der Energien des Jahres, so dass Sie in der Lage sein werden, die Chancen und Herausforderungen, die sich auf dem Weg ergeben, zu nutzen.

Dank Ihrer Intelligenz wird Ihr Einkommen steigen, aber Sie müssen höllisch aufpassen, dass Sie nicht zu viel ausgeben.

Sie werden das ganze Jahr über sehr viel zu tun haben, und das kann dazu führen, dass Sie sich erschöpft und angespannt fühlen.

Ihre persönlichen Beziehungen könnten durch die Arbeit geschwächt werden. Vermeiden Sie es, besitzergreifend zu sein. Seien Sie flexibel und zugänglich. Vertrauen Sie auf das, was Ihre Seele begehrt.

# Kombination der Tierkreiszeichen mit dem chinesischen Horoskop

Wenn man östliche und westliche Horoskope kombiniert, ist es erstaunlich, wie sehr sie miteinander verbunden und genau sind.

Chinesische und westliche Horoskope sind die am häufigsten verwendeten Horoskope. Wenn Sie die Möglichkeit haben, sie gründlich zu verstehen, wird es für Sie einfacher sein, sie zu nutzen und einen zentralen Ansatz zu haben.

Beide Horoskope basieren auf der Position der Sterne, aber im chinesischen Horoskop werden 28 Sternbilder verwendet, im westlichen Horoskop 88. Das chinesische Horoskop basiert auf 12 Tieren, die jedes Jahr regieren, während das westliche Horoskop auf 12 Zeichen basiert, die jeden Monat regieren.

Das chinesische Horoskop basiert auf dem Mondkalender und ist das älteste bis heute bekanntes Horoskop. Ihr Tierkreiszeichen stimmt mit Ihrem Zeichen im chinesischen Horoskop überein, aber das kommt nicht oft vor. Wenn das der Fall wäre, wären die Vorhersagen genauer.

 Zwischen den Zeichen beider Horoskope besteht eine Gleichwertigkeit:

Widder/Drache, Stier/Schlange, Zwillinge/Pferd, Krebs/Ziege, Löwe/Affe, Jungfrau/Hahn, Waage/Hund, Skorpion/Schwein, Schütze/Ratte, Steinbock/OCHSE, Wassermann/Tiger und Fische/Hase.

# Kombinationen

**Ochse**

## Widder/Ochse

Diese Kombination führt zu sehr
starrköpfigen Menschen. Der Widder
steigert sein Selbstvertrauen und schafft eine
starre Persönlichkeit. Diese Menschen sind
eitel und eingebildet. Sie mögen es nicht,
Autoritäten zu respektieren, und manchmal
ist es besser, nicht einmal eine Diskussion
mit ihnen zu führen, weil sie gerne
gewinnen, egal was passiert.

Sie sind entschlossene und vernünftige Menschen, sie kalkulieren jeden ihrer Schritte, weil sie ein Ochse Attestes Vertrauen haben. Sie sind sehr gefühlsbetonte Wesen, deshalb sind die meisten ihrer Handlungen von den Umständen abhängig.

## Stier/Ochse

Diese Mischung bringt die positivsten Eigenschaften jedes Zeichens zum Vorschein und führt zu hartnäckigen und starrköpfigen Menschen. Sie besitzen Selbstvertrauen und sind nicht kapriziös. Sie ändern nie ihre Meinung und sind nicht verräterisch, sie sind freundlich zu anderen und loyal. Man kann sagen, dass sie keine Fehler haben, außer dass sie ein wenig stur sind. Sie lassen sich von den Hindernissen des Lebens nie entmutigen, weil sie wissen, dass jeder Tag eine Gelegenheit ist, neu anzufangen.

**Zwillinge/Ochse**

Diese Mischung führt zu einer Person voller
Vitalität und Energie, die immer glücklich
ist, in dieser Welt zu sein. Sie sind
fantasievoll und fähig, dringende Probleme
zu lösen. Sie zeichnen sich durch ihre
körperliche Zähigkeit aus, und für sie gibt es
keine unmögliche Mission und keine
Mauern, die sie nicht überwinden können.
Die peinlichsten Prüfungen brechen nicht
ihren Willen. Sie sind immer fröhlich, was
ihnen viele Freunde einbringt, die sie für
ihre gute Laune und positive Ausstrahlung
schätzen.


**Krebs/Ochse**

Die Kombination dieser beiden Zeichen
führt zu einem seltenen Temperament mit
einigen Widersprüchen. Sie sind nicht
entscheidungsfreudig, aber sie sind sehr
ruhig. Sie tun ihr Bestes, um unbemerkt zu
bleiben und ziehen es vor, das Unerwartete

aus der Ferne zu beobachten, anstatt zu
handeln.

Sie sind Träumer und harmlos. Sie haben
eine sehr scharfe Intuition und schätzen ihre
Fähigkeiten mäßig. Sie können sehr gut
organisiert sein und deshalb ist ihr Leben
erfolgreich.

## Löwe/Ochse

Die Mischung dieser beiden Zeichen ergibt
stolze Menschen, die ständig davon
träumen, berühmt zu sein. Diese Menschen
gehen mit Würde vor und mögen es nicht,
betrogen oder hintergangen zu werden. Sie
haben Prinzipien und Werte, weshalb sie die
Sympathie der anderen gewinnen. Sie sind
witzig und charmant, aber arrogant und
egoistisch. Sie sterben stoisch, um ihren
Standpunkt zu verteidigen, und finden
immer einen taktvollen Weg, um zu
gewinnen.

Sie kombinieren Höflichkeit mit Selbstvertrauen, um zu erreichen, was sie wollen, und umgeben sich daher mit ruhigen Menschen, die bereit sind, ihre Autorität zu akzeptieren.

## Jungfrau/Ochse

Diese Kombination führt zu konzentrierten und verantwortungsbewussten Menschen.

Sie sind hartnäckig, aber gesellig und diskret zurückhaltend. Sie sind keine Feiglinge, und sie sind die Art von Menschen, die Ihnen immer in jeder Situation helfen werden. Sie sind eitle Menschen, die es immer schaffen, den Platz zu finden, der ihnen in diesem Leben zusteht.

## Waage/Ochse

Menschen mit dieser Kombination sind weise und werden nie eine Entscheidung treffen, wenn sie nicht alles gut durchdacht und berechnet haben.

Sie ziehen es vor, langsam, aber mit sicheren Schritten zu handeln. Die Stärke des Ochsen gibt der Waage Selbstvertrauen, so dass sie angesichts von Zweifeln nicht untergeht. Gleichzeitig versüßt die Waage dem Ochsen seine Sturheit und seinen Wunsch, jeden zu kontrollieren.

Man sieht sie immer sehr ruhig und sie sind auch sehr höflich. Sie versuchen, es allen recht zu machen und den Bedürftigen zu helfen.


**Skorpion/Ochse**

Diese Kombination ergibt unabhängige und mutige Menschen. Sie fragen nie um Rat oder Hilfe.

Die Beharrlichkeit des Skorpions in Verbindung mit der Furchtlosigkeit des Ochsen verleiht diesen Menschen erstaunliche Stärke und Kraft. Das Glück begünstigt diese Menschen, die es verstehen, jede Gelegenheit zu nutzen.

Sie haben eine starke Intuition, und obwohl sie nicht die höflichsten sind, können sie Freundlichkeit zeigen, wenn es nötig ist.


**Schütze / Ochse**

Menschen mit dieser Kombination sind sehr unterhaltsam und haben immer ein offenes Ohr und ein offenes Ohr für ihre Mitmenschen. Das ernste Temperament des Ochsen gleicht die abenteuerlustige Persönlichkeit des Schützen aus und bringt Menschen hervor, die nicht leichtsinnig sind. Sie sind ruhig, und ihr Selbstwertgefühl ist unveränderlich.

Sein Freundeskreis ist äußerst begrenzt, er hasst Konflikte und Skandale.

## Steinbock/Ochse

Die Kombination dieser Zeichen führt zu Menschen, die von ihrem Beruf und Erfolg besessen sind. Sie können unsensibel und egoistisch sein, weil das einzige, worauf sie sich konzentrieren, ist, berühmt zu sein und Anerkennung zu bekommen. Sie sind stur, aufopferungsvoll und planen ihr Leben bis ins kleinste Detail. Sie mögen es nicht, wenn sich jemand in ihr Leben einmischt, und sie mögen es nicht, wenn man ihnen eine Meinung oder einen Rat gibt.

Sie sind so selbstbewusst, dass sie sich keine Kritik anhören, selbst wenn sie konstruktiv ist.

## Wassermann/Ochse

Diese Mischung gibt Menschen mit einer optimistischen Einstellung. Sie lieben es zu reisen, und wenn man mit ihnen zusammen ist, fühlt sich alles sehr friedlich an. Sie sind ehrlich und loyal, mit einer superkreativen

Phantasie. Sie bewegen sich mit Leichtigkeit durch diese Welt und ignorieren alle Hindernisse oder Probleme, die sich ihnen in den Weg stellen.

Sie gehen mit Leichtigkeit durchs Leben, ohne sich um Probleme und Schwierigkeiten zu kümmern. Sie leben in einer Fantasiewelt, und wenn sie aus der Wolke fallen, kollidieren sie mit einer manchmal unangenehmen Realität. Dennoch haben sie einen soliden Charakter und widerstehen allen Krisen mit Ehre.

**Fische/Ochse**

Menschen mit dieser Kombination lösen leicht jeden Konflikt.

Obwohl sie schüchtern sind, finden sie immer die Kraft, ihre Schwächen zu überwinden. Sie sind geschickt, hilfsbereit und loyal. Ihre Freundlichkeit kennt keine Grenzen. Sie sind ehrlich zu ihren

Mitmenschen und wissen nicht, wie man sich verstellt. Das bedeutet nicht, dass sie sich nicht zu verteidigen wissen; wenn du ihnen etwas antust, musst du damit rechnen, dass du die Konsequenzen tragen musst.

# Rituale zum Beginn des chinesischen Neujahrs 2024

Das chinesische Neujahrsfest sollte mit Freude, Musik und einem üppigen Familienessen begrüßt werden. Es ist eine Zeit, in der man feiert und sich auf Glück und Wohlstand für das kommende Jahr konzentriert.

**Sie sollten** neue Kleidung **tragen**, weil dies einen Neuanfang symbolisiert.

Eine klangvolle Farbe wie Rot, die für Harmonie, Glück und Wohlbefinden steht, eignet sich hervorragend für diesen Tag.

Vermeiden Sie es, Weiß oder Schwarz zu tragen, während Sie auf das neue Jahr warten, da dies die Farben sind, die man normalerweise zu Beerdigungen trägt.

Um sich auf das chinesische Neujahr vorzubereiten, ist eine Reinigung in Form eines Rituals sinnvoll. Diese Reinigung soll böse Geister abwehren, die sich vielleicht in den Ecken des Hauses verstecken.

In der Regel tauscht man Möbel aus oder stellt sie um, bessert die Farbe in der Wohnung aus, repariert Schäden und putzt die Fenster mit viel Wasser.

Am selben Abend, bevor das neue Jahr beginnt, sollten Sie Ihr Haus putzen, alle Fenster zum Lüften öffnen und weiße und rote Blumen in allen Gemeinschaftsbereichen Ihres Hauses aufstellen.

Speziell am Eingang sollten Sie Zimt, Sandelholz, Eukalyptus oder Lavendel räuchern oder Lorbeerblätter verbrennen. Lorbeer ist eine Pflanze, die schützen, reinigen und heilen kann. Eine weitere Möglichkeit, positive Energien in Ihr Haus zu holen, ist die Kombination von Zimt und Lorbeerblättern. Verbrennen Sie Lorbeerblätter und bestreuen Sie sie mit

Zimtpulver. Wenn diese Mischung angezündet ist, verteilen Sie den Rauch in den Räumen Ihres Hauses.

Sie müssen das Haus gut räuchern. Sahumar ist das Erzeugen von Rauch mit Hilfe von Weihrauch, um die Umgebung zu aromatisieren und als Instrument der Reinigung und Entschlackung zu nutzen.

Ihre Besonderheit ist, dass sie einen angenehmen Duft verströmen, dem eine entspannende Wirkung nachgesagt wird.

Viele Menschen verwenden Räucherstäbchen, um die energetischen Schwingungen in ihrem Haus zu verändern.

Wenn Sie ein Räucherstäbchen haben, das Sie im Haus herumreichen, denken Sie daran, kreisende Bewegungen nach rechts zu machen.

Wenn Sie einen persönlichen Bereich reinigen wollen, sollten Sie mit Ihrem eigenen Körper beginnen, von den Füßen bis zum Kopf, und dann zum Herzen zurückkehren, wobei Sie immer leichte Kreise ziehen.

Da dies das Jahr des Grünen Holzdrachen ist, ist es ratsam, ein Paar Holzdrachen in Ihrem Haus zu haben. Wenn Sie diese Möglichkeit nicht haben, können Sie sie mit Bildern, Porträts oder Figuren symbolisieren.

Eine weitere Empfehlung für das Jahr 2024 ist es, einige Wände Ihres Hauses grün zu streichen.

Diese Farbe symbolisiert Wohlstand für dieses Jahr. Übersättigen Sie Ihr Haus nicht mit Grün, denken Sie daran, das Gleichgewicht zu halten. Wenn Sie es mit Grün übertreiben, werden Sie Stress in Ihr Leben ziehen.

Eine Möglichkeit oder Option ist es, sie mit Ihnen zu tragen, als Armband, Anhänger Ohrringe, Pendel, Schläfer, auf einem Ring, Schlüsselanhänger oder Talisman in der

Tasche oder Handtasche, wird dies eine Assoziation von Reichtum, Schutz und viel Glück in Ihrem Leben, zu Hause oder im Büro bilden.

Wenn Sie einige Pflanzen wie Lavendel, Raute oder die Geldpflanze kaufen können, die die Fähigkeit haben, Fülle zu erzeugen, zusätzlich zu ihrer Kraft, schlechte Schwingungen zu vertreiben und umzuwandeln, werden Sie es nicht bereuen.

Da Wasser das Element ist, das das Holz ergänzt, wird ein Wasserbrunnen am Eingang Ihres Hauses Wohlstand anziehen. Vergessen Sie nicht, dass das Wasser nach innen fließen sollte.

Wenn Sie einen Wasserbrunnen in den Wohlstandsbereich Ihres Hauses stellen, der sich von der Eingangstür aus gesehen auf der linken Seite hinten befindet, werden Sie viele materielle Vorteile haben.

Zusammen mit Grün ist Rot die Glücksfarbe für das Jahr 2024, du solltest sie in deinem

Haus verwenden, um die Energien des Glücks zu aktivieren. Sie können Rot auf Ihrer Kleidung oder mit einem anderen Kleidungsstück wie einem Schal, einer Mütze oder einem Armband tragen, damit Sie Geld anziehen können.

Das chinesische Neujahrsfest sollte mit Freude, Musik und einem üppigen Familienessen begrüßt werden. Es ist eine Zeit, in der man feiert und sich auf Glück und Wohlstand für das kommende Jahr konzentriert. **Sie sollten** neue Kleidung tragen, da dies einen Neuanfang symbolisiert. Eine leuchtende Farbe wie Rot, die für Harmonie, Glück und Wohlbefinden steht, ist für diesen Tag ideal.

Vermeiden Sie es, Weiß oder Schwarz zu tragen, während Sie auf das neue Jahr warten, da dies die Farben sind, die man normalerweise zu Beerdigungen trägt.

Um sich auf das chinesische Neujahr vorzubereiten, ist es sinnvoll, eine

Reinigung in Form eines Rituals
durchzuführen. Diese Reinigung soll böse
Geister abwehren, die sich vielleicht in den
Ecken des Hauses verstecken.
Normalerweise werden die Möbel
ausgetauscht oder umgestellt, die Farbe im
Haus ausgebessert, Schäden repariert und
die Fenster mit reichlich Wasser gewaschen.

# Über den Autor

Zusätzlich zu ihren astrologischen Kenntnissen verfügt Alina A. Rubi über eine umfangreiche berufliche Ausbildung; sie hat Zertifizierungen in Psychologie, Hypnose, Reiki, bioenergetischer Kristallheilung, Engelsheilung, Traumdeutung und ist spirituelle Lehrerin. Sie verfügt über Kenntnisse in der Gemmologie, die sie nutzt, um Steine oder Mineralien zu programmieren und sie in kraftvolle Amulette oder Talismane des Schutzes zu verwandeln.

Ruby hat einen praktischen und zielgerichteten Charakter, der es ihr ermöglicht hat, eine besondere und integrierende Vision von mehreren Welten zu haben, die Lösungen für spezifische Probleme ermöglicht. Alina schreibt die Monatshoroskope für die Website der Amerikanischer Verband der Astrologen;

Sie können sie unter www.astrologers.com lesen. Zurzeit schreibt sie eine wöchentliche Kolumne in der Zeitung El Nuevo Herald über spirituelle Themen, die jeden Freitag in digitaler Form und montags in gedruckter Form erscheint. Er hat auch ein Programm und ein wöchentliches Horoskop auf dem YouTube-Kanal dieser Zeitung. Ihr Astrologisches Jahrbuch wird jedes Jahr in der Zeitung "Diario las Américas" unter der Rubrik Rubí Astrologa veröffentlicht.

Rubi hat mehrere Artikel über Astrologie für die Monatszeitschrift "Der heutige Astrologe" verfasst und Kurse in Astrologie, Tarot, Handlesen, Kristallheilung und Esoterik gegeben. Er hat ein wöchentliches Video über Astrologie-Themen auf dem YouTube-Kanal des New Herald. Sie hatte ihr eigenes Astrologie Programm, das täglich auf Flamingo T.V. ausgestrahlt wurde, wurde von mehreren Fernseh- und Radiosendungen interviewt und veröffentlicht jedes Jahr ihr "Astrologisches

Jahrbuch" mit dem Horoskop nach Sternzeichen und anderen interessanten mystischen Themen.

Sie ist Autorin der Bücher "Reis und Bohnen für die Seele" Teil I, II und III, einer Zusammenstellung esoterischer Artikel, die in englischer und spanischer Sprache veröffentlicht wurden, "Geld für alle Taschen", "Liebe für alle Herzen", "Gesundheit für alle Körper", Astrologisches Jahrbuch 2021, Horoskop 2022, Horoskop 2024, Rituale und Zaubersprüche für den Erfolg im Jahr 2022 Zauber und Geheimnisse, Astrologie Kurse, Rituale und Zaubersprüche 2024 und Chinesisches Horoskop 2024, die alle in sieben Sprachen erhältlich sind.

Sie hat einen YouTube-Kanal mit Themen zu Psychologie, Esoterik und Astrologie, wo man Videos zu Seelenverwandtschaft, Reinkarnation, Körpersprache, Astralreisen, bösem Blick, Zaubersprüchen und vielen anderen Themen sehen kann.

Rubi spricht fließend Englisch und Spanisch und vereint in ihren Lesungen alle ihre Talente und Kenntnisse. Sie wohnt derzeit in Miami, Florida.

Weitere Informationen finden Sie auf der Website www.esoterismomagia.com.

Angeline A. Rubí ist die Tochter von Alina Rubí.

Seit ihrer Kindheit interessiert sie sich für alle esoterischen Themen und praktiziert Astrologie und Kabbala, seit sie vier Jahre alt ist. Sie verfügt über Kenntnisse in Tarot, Reiki und Gemmologie. Sie ist nicht nur die Autorin, sondern auch die Herausgeberin aller von ihr und ihrer Mutter veröffentlichten Bücher.

Für weitere Informationen kontaktieren Sie sie bitte per E-Mail: rubiediciones29@gmail.com